# Colección #16

«Últimos momentos
de Vida vieja»

**Amaury González Reyes**

OASIS&ALAMBIQUE
PUBLISHING

Published by:
OASIS & ALAMBIQUE PUBLISHING CORP.
Miami, Florida
(c) 2020 Amaury González Reyes
~Colección #16: "Últimos momentos de Vida vieja"


ISBN- 9798672404554
BISAC: Literary Collections: Essays/Poems/Diary

Esta colección fue realizada en Puerto Rico, en el mes de agosto del 2001. En la cárcel federal de Guaynabo.


## ALUSIÓN

Hoy en día, soy las experiencias de mis días. Un día llegué a San Juan. Era de noche. Esa misma noche fui encarcelado y a la vez liberado de culpas. Nadie sabe el favor que me hicieron ese día o esa noche, poniéndome tras las rejas, porque fui libre entre rejas.

# TÍTULOS

1- DESPEDIDA BAJO LA LLUVIA
2- VOLVEREMOS
3- DE AHORA EN ADELANTE
4- TEN FE
5- NO SUPE JAMÁS QUE IBA A NACER
6- HAY
7- CANCIÓN EN FORMA DE HISTORIA
8- BAJO LAS GOTAS DE LA DUCHA
9- ¿QUÉ PASARÁ ESTA NOCHE POR SU MENTE?
10- MI VIDA ES DIFÍCIL
11- PENSAMIENTOS SOBRE LA CAMA
12- DESEOS CONCEBIDOS
13- AMARTE COMO MÁS SE AMA
14- ¿QUÉ SERÁ DE MI SIN TI?
15- SALIR DEL POZO
16- INMENSAMENTE TUYO
17- AMÉRICA, MEZCLA DE OTROS CONTINENTES
18- MIENTRAS EN NUEVA YORK
19- COSAS QUE NO PUEDO HACER
20- ONDAS DEL TIEMPO
21- NOCHES SIN TI
22- ATMÓSFERA NOCTURNA
23- AMALGAMA DE LA VIDA
24- NO TE NEGOCIO POR OTRA
25- NO QUIERO PERDER TU RECUERDO
26- DESCOMUNAL SITUACIÓN
27- LOS DIARIOS
28- EL VENDAVAL NO PASA
29- ENAMORADO HASTA LA MUERTE
30- VERSOS PARA AMARTE MEJOR
31- LO QUE NOS QUEDA
32- HOY LA TENGO
33- DESPUÉS DE ELLA
34- POEMA SIN LA AMADA
35- ESTE POEMA ESTÁ BASADO EN MI VIDA
36- ¿DONDE ESTABAS CUANDO ESTABAS CONMIGO?
37- COMPONER AL VACÍO DE LA NOCHE
38- POTREROS DE MIS SUEÑOS
39- CARTA A UN PERDIDO AMOR
40- SABOR A MUJER
41- PERLAS DE COSTURAS
42- ÉRAMOS DOS ALMAS SOLAS
43- MI CUARTO ESTÁ SOLO
44- BESOS EN TUS MEJILLAS
45- DÉBIL ANTE SU DESEO

# 1- <u>DESPEDIDA BAJO LA LLUVIA</u>

No sé si arranco la materia
o lanzo los días a un precipicio;
pero siento en mis arterias
el ultimátum del suicidio.

Ahora que te conozco,
esta lluvia me ve partir;
y sentado en el avión reconozco,
lo que prontito te voy a sentir.

Aquí cerca de mi asiento
va el cantante Shalim;
Amiga, no es un presentimiento,
es la voz del clarín.

Soy un regocijo de emociones,
una amalgama de tristezas y despedidas;
y bajo la lluvia nuestros corazones,
lamentaban separar estas dos vidas.

## 2- <u>VOLVEREMOS</u>

Cuando tú
vuelvas a mi regazo,
cuando yo
no sea más tu payaso,
entonces, volveremos.

En la marcha de mi vida
aun salpica tu imagen;
pero no hay salida
para ti, por traición.

Volver contigo
es un mareo constante;
una marca que arrebata
cielo y hastío.

Si quisieras volver
a estar conmigo,
tendrás qué cambiar mi Ser;
entonces volveremos,
volveremos a empezar
como dos niños de nuevo.

# 3- <u>DE AHORA EN ADELANTE</u>

De ahora en adelante
voy a contar para que no salten
mis lágrimas amargas,
en el vacío
de las noches largas,
cuando no está
tu cuerpo.

De ahora en adelante
mi economía gastaré por verte;
usaré ropas de última moda
para que te fijes en mí,
como una interesante Oda
cuando no esté
mi cuerpo.

De ahora en adelante
si volvieras sería mi suerte;
pero si no fuera un ocioso,
algún objeto inconforme,
la mentira de un mentiroso
y la piedad de no vivir
sin ti.

## 4- <u>**TEN FE**</u>

Si tú no tienes confianza en ti mismo,
es absurdo que vivas sin un abismo.

Contratas al destino involuntariamente
y el pasado pasando al futuro, es tu presente.

Debes tener fe para que soportes más,
localizas las pulgadas del existir en un jamás.

A veces apuestas con billetes vividos en tu camino;
entonces, te prohíben si ganas las mujeres y el vino.

Ten fe porque la Santa Biblia dice:
"Sé Chico bueno, no hagas lo que se maldice."

Cuando se vive en un monstruo se le ve las entrañas,
luego los pies, la cabeza, el cuerpo y hasta las pestañas.

Ten fe siempre en ti mismo
y verás que nunca caerás en el abismo.

## 5- <u>NO SUPE JAMÁS QUE IBA A NACER</u>

Yo estaba tranquilo en un sueño
que me anestesiaba sin remordimiento;
yo no era grande ni pequeño
y no sufría, de ningún lamento.

Y me despertaron sin avisarme,
trayendo mi anatomía a este mundo;
sin alguna pregunta preguntarme,
ni siquiera darme un segundo.

No tuve la posibilidad de traer mi ropa
ni mis libros de filosofía;
me dieron la herencia de Europa,
soltándome entre la noche y el día.

Yo no sabía nada, ni siquiera
el platicar lo conocía en mi Ser;
me amantaron con una tetera
y me nombraron, sin yo tampoco saber.

No me avisaron aún ni para comprar
la casa donde me gustaría vivir;
no pude antes de salir ni encontrar
mi maleta, o mis lápices de escribir.

Si hubiera sabido que iba a nacer
hubiese preparado bien mi equipaje;
pude haberlo llenado de Querer
en las hojas de su pasaje.

Hoy que me han regalado la Vida
y las rosas con sus espinas;
la muerte, el dolor y la herida,
yo la pago con libras esterlinas.

Soy sacado a un exterior
al cual nunca dije que quería venir;
sino miren ahora que tengo desamor
y pecados, para perdón pedir.

No conté con este cuerpo y su cara,
con ir a la escuela o con una novia;
no debía de beber el agua clara
ni mucho menos, forzar la memoria.

Me tengo que resignar a lo material,
a las tertulias, a desaparecer de nuevo;
a los autos y a la ley matrimonial,
a las víboras, al gavilán y su huevo.

Yo era algo sin existencia conocida,
alguien que nunca pidió nacer;
ni ser campesino o amar a una desconocida,
con celos y confusión de placer.

No supe que iba a nacer
ni que me estimularían con besos;
tal vez iba a ganar o a perder,
o es que la mente carece de sesos.

No pedí que me echaran a esta tierra
para ser pobre o rico;
ni tener que saber de la guerra
o del atasco en la hora pico.

Vivía en un espacio antes de nacer:
puro, sincero y sin violencias;
hecho de nada y a nada parecer,
era un Dios sin apariencias.

Pero tuvieron que joderme
y secuestrarme de allí;
y en pañales blancos meterme
sin pensar en mí.

Presumía de cuerdo
antes de abrir mis ojos;
después que los abrí no recuerdo,
más que mis enojos.

Si hubieran anunciado
mi in fraganti nacimiento,
yo hubiera salido preparado
y con un especial medicamento.

Por eso se me olvidó
las buenas costumbres y deseos;
la esencia se me desapareció,
mi paraíso, la nieve y mis trineos.

No supe jamás que iba a nacer,
ni de la política, ni de los vicios;
ni del culto, ni de su firme creer
como de los créditos y sus servicios.

Habitaba tal vez invisible
dentro de un humo;
quizás, verme era imposible
como las partículas del zumo.

No tenía hambre ni lloraba,
era como la corriente del río;
se siente, pero no se alaba,
porque es común como el frío.

Quiero al menos cuando muera
que me manden al sitio de donde salí;
porque amor habría en otra esfera,
menos, en lo que he visto aquí.

## 6- <u>HAY</u>

Hay veces que me revuelco en el viento,
hay veces que me siento violento.

Hay días que la vida me araña,
hay otros que todo es patraña.

Hay experiencias que me dan la filosofía,
hay vicios buenos que son mi manía.

Hay religiones que desafían mi fe,
hay lugares donde se prohíbe el café.

Hay negros con almas blancas,
hay silencio en las zonas francas.

Hay dulzura en la sal del mar,
hay abejas en el ramo de azahar.

Hay Venezuela sin Bolívar,
hay dinero sin dueño en Madagascar.

Hay en mí ciruelas en mi huerto,
hay en mi vidorria un muerto.

Hay economía en mis suelas,
hay distancias que jamás las consuelas.

Hay noticias que no dicen nada,
hay camas que no tienen mi almohada.

Hay un dolor en el encéfalo que mata,
hay una dinastía impropia que ata.

Hay que dar lo que no vamos a recibir,
hay que leer lo que no voy a escribir.

Hay pesadillas en mis sueños rotos,
hay necesidades de tiempos remotos.

Hay que apagar la vela e irse a dormir,
hay que ser yo para revivir…

# 7- <u>CANCIÓN EN FORMA DE HISTORIA</u>

Te conocí un sábado,
hablamos de ir al cine;
todo era melodía
sobre todo, si pedías.
Te busqué sin hallarte;
lógico que no vendrías
para nunca olvidarte.

Y ahora digo:
¿Qué espero yo de ti?
Si esperarás tú por mí,
pero no es así…
No, no es así.

Cuando más se ansia
como yo te deseaba;
tú eras fugaz,
huella de un ser rapaz
que filtró en mí,
la sensación del que moría,
juego que un día
haz de pagar.

## 8- <u>BAJO LAS GOTAS DE LA DUCHA</u>

Este es el segundo jabón
que gasto en el mes;
las rasuradoras no están jamón
me arañan el acné.

La última marca de pantalón
es una reliquia mitológica;
uso dudas desde aquel ciclón
donde me llevó toda la lógica.

Creer bajo la ducha
que las gotas son tibias,
es como el sonido que escucha
un algo sin sentido que alivia.

## 9- ¿QUÉ PASARÁ ESTA NOCHE POR SU MENTE?

Valdrán los consejos, las voces de amigos, las higueras, las palomas en libertad, todo puede ser un martirio en su mente: hija de la manta de mi amor.

¿Qué pasará esta noche cuando me piense? Cuando sepa que no estaré allí para ayudarla. El mundo que veía no será ese mundo, y mientras todo se le derrumbe yo rezaré.

Las imagines se harán rayos entre nubes con cataratas del Niagara en problemas. Si los golpes de la vida enseñan como dicen, en estos momentos debe de aprender, pero sin mí, porque ni siquiera puedo y en verdad lo deseo, estar a su lado. Se me hace un mar a nado cubierto de tiburones sangrientos, no poder estar con ella.

No es fácil estos ladrillazos para un corazón, aún cuando esta noche está oscura para las dos. ¿Qué pasará por su mente? Aunque por la mía ya se sabe.

El calvario puede ser más grande para conciliar un sueño, con intervalos nerviosos. Las cosquillas de este desaliento pueden ser crónicas, algo que las piedras de los ríos también ignoren.

¿Qué pasará esta noche por su mente? Yo prodigo la ausencia mía en la insistencia de la suya, paro el tráfico de fluidos neutrales y recapacito mirando un astro, allá a lo lejos, sumergido en la capa grande de las infinidades, donde el amor parece en un semáforo instantáneo, y me doy cuenta de que también desde allá arriba, se palpa la existencia del cariño.

La convivencia de su materia y los líos míos, la necesidad de escape, han hecho esta separación tan inmediata y ridícula. Porque cuando dos seres se aman, no tiene caso el alejamiento, y menos por problemas frívolos.

¿Qué pasará esta noche por su mente? Y yo me quedo postergado detrás de la reja de estas mazmorras, silencioso como un colibrí en su nido, como un hombre sin su amor, y que sólo piensa en ella, en su dama.

## 10- <u>MI VIDA ES DIFÍCIL</u>

Le decía a mi mente: «*Mi vida es tan importante que sólo me interesa a mí*». Luego, al ser hijo de campesinos y crecer en el campo faltándome muchos recursos. En fin, me sobrepuse a revivir. Majestuosamente, amaba a Shakespeare, a Wilde, a Mendoza, a la dictadura de los senos de la vecinita y la alforja de mis tíos llenas de mangas blancas del río El Recodo.

Mi vida es difícil de recordar. Me fugo por la vedija de la yegua que me transportaba a mi escuelita rural desde los seis años, y me reencuentro con los niños que vivían a leguas de mi cabaña, para compartir algunos que otros juegos salvajes de aquella época, donde el salvajismo era más que yo, la esencia de mi existir.

La pelusa del crecimiento me bastó para descalabrarme por las barbas del comunismo que progresaba retraídamente hasta la decadencia, donde mi convencimiento pululaba en la mierda, en la misma esencia que me convidó a desaparecer con mi visión ciega, y en hallar no sé con qué magia, la visualización de la Virgen de la Escapatoria; mientras, se quedaban atrás los desechos y el cuero de mi evolución involutiva, por el sortilegio de eclipsarme de mi terruño.

Y aunque nunca preñé hembras allá en las lomas de mi tierra negra, sí preñé de ideas mi cabeza, y me esfumaba de la realidad para convertir mi vida en más difícil de lo que ya era.

Hoy mi vida es difícil, porque largué el pellejo como el majá y lo dejé pegado al palo del monte, y ni siquiera sé cómo regresar; yo, que hallé el camino más descalabrado para fugarme… y ahora no sé cómo regresar. ¡Qué ilógica es la lógica!, ¿verdad?

## 11- <u>PENSAMIENTOS SOBRE LA CAMA</u>

Hay dos cosas en la vida
que no entiendo;
Una, que no sé, ¿por qué nacemos?
Y la otra, después, ¿por qué morimos?

Las paredes de marfil
Y el llanto que se escurre entre ellas,
no se puede oír.

No sé por qué dudo,
estar vivo por tantos años.
El destino nos atrapa
y nos encarcela a su gusto.
No es nada en contra de Dios,
ni en contra de los Santos.

Yo pienso sobre la cama
en tantas cosas;
y a veces el sexo no me alcanza
para seguir pensando…

## 12- <u>DESEOS CONCEBIDOS</u>

Hasta esta fecha de la intención,
que las ganas vuelvan imaginación;
no se sabe de la búsqueda de seda,
del pedazo de lograr lo que proceda.

Son cenizas pasadas agridulces,
emoción que el deseo te hace que endulces;
y al fin llegar a la meta,
es concebido al cerrarse la grieta.

Luchaste como todos mental y físicamente,
conseguiste la paciencia pasivamente;
no te negaste al triunfo y lo alcanzaste,
fuiste el resultado de lo que apostaste.

Comprendiste que esperar era esperando
y la tristeza es un mal andando;
supiste que tus deseos concebidos
fueron de tu parte y son bien recibidos.

Yo soy esta segunda persona a quien hablo
y en mí estará Dios y no el diablo;
buscando lo que busco siempre, tranquilidad
y enamorando una vez más, a la felicidad.

## 13- <u>AMARTE COMO MÁS SE AMA</u>

Fotos y recuerdos
y cuentos de encuentros;
así como hoy,
todo, como arte de locos.

Es pasado nutrido de presente,
goces furtivos y elocuentes;
hijos pasionales del amor.
¡amarte es mi placer!

Estar contigo ha sido
desde ahora hasta ayer;
todo de los Todos,
lo mejor de los Mejores.

La invitación del cine,
aquellos besos que amanecían;
junto a la cómoda
con el dueño que los poseía.

Amarte es como se ama,
es historia infinita;
no se ataca el amor
donde tú lo depositas.

Quien podría ser esa,
esa sensación que me atraviesa;
cuando me confieso al verbo,
cuando nunca termina lo que me empieza.

Te amo desde el primer día
con el primer poema que te di;
amarte como más se ama,
sólo en el poder de mi alma.

Tertulias hechas divertidas,
la pura música de tu vivir;
el baile de tus caderas
y tu aire para sentir.

Sé, como se ama por ti,
por siempre viviré en tu espacio;
lo romántico de mi existir
es el libro de tu imagen.

Y tengo tus ultimados hechos
y te poseo a ti también;
soy el que siempre siembra
y cada año tu amor recoge.

## 14- ¿QUÉ SERÁ DE MÍ SIN TI?

En los tramitos que vivo
el no tenerte,
son hincadas de alambres frías.

Ahora que estalla una nueva bomba
en el siglo veintiuno,
y tu distancia es tu ausencia en mí.

¿Cómo podré hacer para rescatarte?

¿Qué será de mí sin ti?

No tengo conciencia en esta amalgama.

Estos problemas son presidios negros;
humillaciones del no saber de ti.

¿Qué podrá ser? ¿Qué pasará contigo?

Y mientras tanto me juego al azar
el número infinito del desconsuelo;
sin saber, ¿qué será de mí sin ti?

## 15- <u>SALIR DEL POZO</u>

Cuando las aguas del pozo
están profundas,
nunca saben nada del brocal
hasta que el cubo la saca.

¿Qué habrá en las estrellas,
alrededor de los árboles,
en toda la materia
y aun en las aves?

Salir del pozo
es como volver a renacer,
tener una imagen del color,
tertulias en las páginas
con amores de frescuras.

No se sienten los ruidos
ni el sabor de la vida;
uno está en el pozo oscuro,
en un lugar donde solamente:
hay grandes piedras.

## 16- <u>INMENSAMENTE TUYO</u>

Inmensamente tuyo,
conociéndote algo más;
no es un problema de orgullo
es una realidad.

Inmensamente tuyo,
buscándote a flor de piel
pero el vacío,
me hace frío
y los sueños
son rocíos.

Quiero entender
el por qué
del «tú no estás»;
si soy intensamente tuyo
y las noches son murmullos
y quiero entender
el por qué
de «tú no estás»
y jamás lo entenderé.

## 17- <u>AMÉRICA, MEZCLA DE OTROS CONTINENTES</u>

Reina por un trozo de felicidad,
mulatas africanas con culturas isleñas;
nació en España hasta la ciudad,
que hoy representan Islas caribeñas.

Hijos de la América con mezclas,
de padres indios, blancos y mestizos;
trajeron la Rumba en Son de teclas,
con creencias de gurús y hechizos.

Del inglés su lazo con el francés,
deporte universal de manera cotidiana;
hasta se resiembra el portugués
y mezcla la Atlántica con marihuana.

Continentes que nacieron en uno,
en la América general desde Canadá;
con la Central y Caribe como ninguno
y cosas mejores del más allá.

Nacer americano es todo,
hijo del mundo entero;
ser privilegiado de algún modo,
refiriendo a la Salsa y no al dinero.

## 18- <u>MIENTRAS EN NUEVA YORK</u>

Mientras en Nueva York caían las Torres Gemelas, yo viajaba en pensamientos contigo. El impacto fue grande como el de este atentado, fueron momentos traumáticos para mí, el saber que pudiera perderte como se perdieron miles de neoyorquinos, me hicieron mucho daño. Como el propio Pentágono de Washington.

Mientras Nueva York pierde también llora mi alma, por no tenerte a mi lado. La atención mía era mezclada pero más atraída por tu imagen que por las llamas de New York. Buscaré a un psicólogo, me envolveré para tratar de dormir. Siempre y cuando Bush no juzgue a los culpables, yo lloraré en mi adentro por ti como llora Nueva York por sus muertos.

## 19- <u>COSAS QUE NO PUEDO HACER</u>

No puedo cambiar una sociedad que no me corresponde, por eso soy introvertido e iracundo. Yo no puedo hacer cosas imposibles porque para eso está el Creador; yo no soy profeta ni un animador público. Aunque, la gente no me entienda y tropiece cada día con esto, nada me detendrá para continuar.

La costumbre de cosas estúpidas me ha hecho frívolo, oigo más a los niños y a los seres que son más lógicos y que no han tenido aún la capacidad de captar.

Invento de algún modo un mundo para mi bienestar, hago mi vida con un carnaval de paz. ¡Qué gano tratando de cambiar lo que no puede ser cambiado! Hay cosas que no puedo hacer, como es aceptar lo satánico, la corrupción, las drogas, la violación sexual como humana.

Comprendo, quizás, que a veces sea un poquito egoísta por no ceder cuando en mi presencia algo no me agrada. Lo principal es que no guardo odio simplemente, que me aparto de ese camino.

Si se me entienden mis expresiones, abandono a un lado lo generalizado, pero si no, busco otro rumbo con mi filosofía.

No puedo cambiar esto en mi existencia, que las cosas no sean sólo para todos y que siempre entramos quienes aprecien la verdad, el amor y la fe.

Cosas que no puedo cambiar como mi formación y la de los demás, la violencia o la injusticia; además, ¿quién soy yo? Soy solamente un loco para todos, alguien que garabatea un papel en blanco.

No soy bueno ni lo seré, tal vez, pero soy un individuo muy distinto al resto de la humanidad e incluso, de mis familiares.
Cambio simplemente esto que digo, soy como todo el mundo, otro mundo aparte y esto tampoco se puede cambiar.

## 20- <u>ONDAS DEL TIEMPO</u>

Hace tres años ya
que nos perdimos;
con los ojos llenos de lágrimas,
al decir adiós nos fundimos.

Ondas del tiempo,
caprichos de tu hijo;
por conocer paisajes mundiales
como el Profeta predijo.

Mi mochila está repleta
de capítulos internacionales;
escribiendo miles de poemas
o libretos teatrales.

Aquel amor se hizo viejo
al llevarme ese avión;
sólo tú, mi madre querida
angustiando la pasión.

Los retozos están anclados
en este espacio marchado;
en las siluetas de las orquídeas
como un tatuaje calcado.

Ondas del tiempo que vivo
y que al olvidar no se olvida;
con los dolores del destierro
o con otra vida, que no es vida.

## 21- <u>NOCHES SIN TI</u>

Sentirme después de cómo me sentí contigo,
es navegar en la vida sin castigo.
Es por eso por lo que ahora en las noches sin ti,
me revuelco mil veces en la cama y en mí.
Esas noches son el arrastre de una creciente,
cuando ese río arrasó con toda mi mente.

Pensar en ti, es tanto que casi me ahogo
sin estar tú, y mi desesperación la abogo.
Ya las estrellitas son intocables en el cielo,
soy el mejor contador que existe en el suelo.
Todo sin ti o sin ti, estoy yo todo
que hay momentos, que no hallo otro modo.

Y aunque la razón le pregunta a tu ausencia,
el destino amenaza a mi existencia.
El frío más frío significa noches sin ti,
la oscuridad del cuarto lucha contra mí.
El problema está en lo que no hicimos,
aquel amor, los besos y todo lo que fuimos.

## 22- <u>ATMÓSFERA NOCTURNA</u>

Me recoge aquellas primeras palabras
la boca de una caverna desnuda;
con piratas de una Isla Bermuda
en la fantasía de los abracadabras.

Ser que improvise de tu trago
que le bebí el néctar a la flor;
no sé por qué pudo este amor
ser aguas turbias de un lago.

En esta mi gran atmósfera nocturna
el sueño es el pensamiento en ti;
y las Revistas del encanto para mí
son las huellas de mi sensación diurna.

Será porque eres mía y juntos estamos
que la radiación de ser matrimonio;
hace crecer un alto y fiel patrimonio
como resultado del porqué nos amamos.

Estas noches en tu ausencia son perdición,
este globo me cubre los gastos de tu vientre;
en el nocturno que mi Radio se encuentre
y aromatice con tristes canciones mi corazón.

## 23- <u>AMALGAMA DE LA VIDA</u>

¿Qué significan rimar las palabras
y tengan Amalgama el significado?
¿Cómo puede decirse del matrimonio con manicomio?
¡Hay tanta diferencia y casi son lo mismo!

¿Qué se diría de la experiencia y la presencia?
Si es que se puede más rimar
el deseo con el tiempo,
burlar la vida pasada,
los golpes del destino que nos enseña
o el amor que no entiende jamás
cuando la lógica habla;
pero la presencia de la amada
no repara ni la experiencia ni nada.

¿Quién aludiría a estos dos humanos en vano?
¿Quién no vería semejanzas o diferencias?
¿¡Qué amalgama más perfecta no!?

¿O cómo se aceptaría lo lógico con lo ilógico?
Hay quien no sabe qué es lo más cuerdo,
si observando las estrellas
o viviendo y sembrando en el campo.

Se pensaría que es coincidencia
la tierra con guerra
pero no es así;
es la peor amalgama de la vida,
es lo más destructivo que hay.

Por último, lo más bello
es el amor con flor;
ahí hay una amalgama reversible,
un sentimiento puro y único,
un olor con perfume
y sabor a placer con mujer,
a la dulzura de la caña;
al sentido más cierto de la vida.

El verbo vivir es la amalgama
de nuestra vida.

## 24- <u>NO TE NEGOCIO POR OTRA</u>

Aunque el dólar va a la subasta
con la nueva moneda de Europa;
yo me digo que eso no me basta
para que pueda arrancarte de esta ropa.

No te negocio por otra ni lo haré
mientras hayas sido mi último amor;
es el último, pero el primero que habré
aceptado y cultivado como una flor.

Ese dinero que se gana del contrabando
es más que el del trabajador normal;
pero yo te tengo de tesoro y ando
mejor proporcionado que el fondo mundial.

Yo negocio la soledad con tu foto,
tu pelo con los días grises que tuve;
siempre la ausencia con tu voto
aumenta lo bueno que de ti obtuve.

Negocio además tu respuesta
por mi interrogante en la mente;
apuesto lo que tu sentir apuesta
cuando mi duda se clava fuertemente.

## 25- <u>NO QUIERO PERDER TU RECUERDO</u>

Desde que estoy con ella
te extraño más y es bella,
me demuestra ser centella.

Lo peor es que no está en mi mente,
es una compañera simplemente;
la perfecta amante complaciente.

Y ¿qué voy a hacer
si te llego a perder?
Al lado de alguien que no quiero conocer.

Es que al besarle siento tus labios,
la calidez de ella emite agravios,
provocándome efectos secundarios.

En cada instante, en cada paso
es un día que rebaso;
al punto de sufrir un colapso.

No quiero perder tu recuerdo
porque mucho de ti me acuerdo,
y más fuerte tu cuerpo muerdo.

Y todo es por tu ausencia
que la hago imaginar en presencia;
con un poco de mi experiencia.

Mientras ella me prepara un café
yo me tomo junto a ti un té,
porque algo así como tonto quedé.

Con la luz apagada
me hace el amor debajo de la almohada,
con tu recuerdo en la madrugada.

Eres un tatuaje en mi cabeza,
la promotora de mi torpeza,
que me identifico con la pereza.

No quiero perder lo que vivo de ti,
esos recuerdos involucrados en mí,
de la manera que contigo viví.

## 26- <u>DESCOMUNAL SITUACIÓN</u>

Los ojos me duelen por esa luz constante. El atentado en New York me dejó casi traumatizado. Mi mujer que se me convierte casi en un déjà vu y no sé en quién pudiera confiar.

Escuchen mis interrogantes todo el tiempo: ¿Estoy preso y por qué? ¿Qué hago aquí escuchando tanto? ¿Qué culpa tengo yo de los atentados? ¿Por qué estoy libre y preso? ¡Cuántas boberías, verdad!

Es una descomunal situación porque, aunque no le sea, soy un criminal más. El pelo se me cae a montón, la cabeza parece el tráfico de la hora pico en Pekín. La comida se burla de mi hambre, le saca la lengua por la poca desatención a ella.

No puedo ubicarme ni física ni geográficamente dentro de esta prisión. Parece que estoy en el Polo Norte, porque los rayos del sol son restringidos, como el oro en el tercer mundo.

Ahora comprendo el bumerán de la vida y cuando llega duele más, y haces que aprendas hacer un mayor porcentaje de lo bueno.

Aseguro que esta situación es comunal; si me concentro me desconcentro, los pies andan por arriba y el cerebro lo pisotean la suelas.

## 27- <u>**LOS DIARIOS**</u>

Bombas y aviones que explotan, una guerra por Oriente. El horóscopo con siempre lo mismo y Julio Iglesias con sus hijas gemelas. Las propagandas sin pelos en la lengua; que Fidel Castro esto y que Fidel Castro lo otro. La nueva moneda europea en curso mientras yo desterrado y sin ella. El gateway avanza en el computador o matrimonio importante de no sé quién. Cuando el diario llega es más chismes que noticias reales que en sí suceden. Quieren completar las hojas del periódico sea como sea, aunque sean con los muertos o con la última cena en que estuvo Mister Bush. En realidad, que está estudiando el Sida. Pero pasa aquí y pasa allá, dondequiera porque para eso es el mundo para los Diarios. Hay veces que no deseo escribir ni pensar porque hay más en ellos que en nada. He pensado hasta yo mismo hacer mi propio Diario, para poner mis dificultades, el dolor de mi carea dental y acidez estomacal, lo pobre que son mi familia y país. En mi Diario también pondría sobre el amor que muchas veces en esas páginas a pesar de que es la fuerza que nos mueve. Además, demostraré que no puedo sin ella. Pondré que la lluvia ácida extermina, que el cielo se despedaza sin ozono; correré la noticia de la injusticia mundial tanto en tu casa como en los emigrantes. Los Diarios son como la diarrea que no se pueden aguantar y se lanzan, dicen lo que es o no, sin estar seguros. Así que, no crean todo lo que lean. Mi Diario será simple así: Perdí el amor, la perdí a ella, a la mujer que amo, no sé como podré encontrarla: "Wanted". Ese es mi mensaje por si la ven por ahí.

## 28- <u>EL VENDAVAL NO PASA</u>

Quiero que vengas,
no soporto esta incertidumbre;
vivir en rejas
no es mi costumbre.

Los segundos me destrozan
y sin estar contigo a mi lado,
más desesperaciones me explotan
como un perro salvaje atado.

Le busco el juego a la esperanza,
amarro la mentira
para que no haya más alabanza,
pero la verdad se retira.

El vendaval no pasa,
desde que te dejé no tengo paz;
y la psicología no rebasa
lo que no sé volveré a tener jamás.

## 29- <u>ENAMORADO HASTA LA MUERTE</u>

En conquistar tu hermosura vivo,
en ser el pez de tu pecera;
pero amarte por vida quisiera
y seguro de esto sobrevivo.

Enlazar mis dedos en tu cabello,
teñirte con besos las tupidas mejillas;
esperar por tu cuerpo bello
sería un placer como ganar guerrillas.

Enamorado hasta la muerte,
compitiendo con amor romántico;
yo fuera un palo estático
si no pudiera verte.

Dos mil ilusiones me llevan
barcos a la deriva sin capitán;
sin decir sí, no me conllevan
los anhelos a mi afán.

Estoy enamorado dentro de ti,
hasta en tu basura puedo vivir;
no comentes si falta algo de mí,
que siento porque te sé sentir.

Y revuelco las páginas del libro,
me hago héroe por tu cuenta;
es que te amo tanto que vibro
como los árboles en la tormenta.

Regocijo de alegrías eres en mi ser,
un funeral cuando no estás conmigo;
sin embargo, si ríes creces como trigo
poniendo en tus espigas mi querer.

Enamorado hasta la muerte
quiero ser tu esclavo en tu huerto;
pero recuerda que reinas mi suerte
y sin ti, seré un muerto.

## 30- <u>VERSOS PARA AMARTE MEJOR</u>

Cuando se me pierde la tristeza la mayoría de las veces se me oculta en el alma. Eres la pérdida del aliento si tus aguas no me dan líquido, me falta la mentira de la realidad. Vivir como he vivido contigo es oler el perfume del cielo o volar junto a las mariposas.

Estos versos son para consolarme para saber que no sólo existes en mi recuerdo mental. Ahora puedo amarte mejor porque te tengo en mi libreta te puedo ver dibujada entre letras. Soy poeta por tu inspiración he conocido la materia separada y estar a tu lado es todo. Te amo si estuvieras y como no estás también te amo. Soy un niño que llora sin madre.

## 31- <u>LO QUE NOS QUEDA</u>

Paso atrás nuestra relación
como lo que empieza y acaba;
no hay que pedir perdón
cuando algo ya se marchitaba.

Lo que nos queda son ramas,
ahí la experiencia de una más;
con el secreto de buscar en otras camas
lo que a ti no te daré jamás.

Te queda el descubrimiento
de encontrarte con restos de un anticipo;
y de conversar en algún momento
con el recuerdo propicio del que participo.

Vestido de fuego quemaré mis ropas,
invertiré en la bolsa del lavado;
mandaré la cultura y sus tropas
más allá de mi sensible lado.

Nos queda la cordura de haber sido,
de que te quise y tú te desnudaste;
que juntos al querer nacimos en asido
y en este destino bien te quedaste.

Me queda el último perfume a sexo tuyo,
lo que en casa hicimos polvo volcánico;
pero el resto es puro orgullo
si regresamos al pasado mágico.

El precio fue la mejor paga
que pagué a tu cuerpo al conocerte;
es hoy perder al placer que me haga,
saber aceptar que tengo que perderte.

Sólo me quedaran tus pasos dados,
el derecho a la costumbre;
descubrir como fuimos enamorados
y ahora estamos llenos de incertidumbres.

## 32- <u>HOY LA TENGO</u>

Rocié las flores de su jarrón
con delicadeza y mucha cautela;
me mecí en su sillón
y me convertí en su centinela.

Dulce es el bocado de su boca,
capricho desnudado en mí;
es mi remedio cuando me toca,
poetisa de la prosa que viví.

Compañera de este andariego,
tertulia infinita en mi comida;
no verla no me hace ciego
porque en mi pecho, está tendida.

Hoy la tengo como mi anatomía,
como tengo la risa y cabellos;
la poseo con la armonía
tan alegre y con destellos.

Tengo además su verbo amar,
la fortuna de acompañarme;
un avión que me hace volar,
la aventura para aventurarme.

Cada paso es la sensualidad,
la existencia me parece estupenda;
no miento, es la verdad,
voy por ella a una gran contienda.

Hoy la tengo y quizás más
porque ella es todo en mi ser;
no tengo valor para el Jamás
sino la voy un día a querer.

## 33- <u>DESPUÉS DE ELLA</u>

Con ella se me pueden
escapar las estrellas fugaces;
a su lado
la vida puede ser pecado,
cualquier cosa era mejor
cuando estaba ella.

Las golondrinas no emigrarían
y, aun así,
todo sería normal;
un castillo sin rey
hubiera violado la ley,
pero con ella.

La desnudez al vendaval
no congelaría un cuerpo;
nada se relacionara
si con su ser no se iluminara,
con un poco de amor
del de ella.

Después de ella
mi rumbo lo encontraría
hacia la perdición;
después de ella
ya no existiría yo.

## 34- <u>POEMA SIN LA AMADA</u>

Cuanto nos quisimos y ya el destino nos separó, vivir a tu lado fue mi primera experiencia. No miro atrás, pero desde esta habitación donde a través de una rendijita veo el exterior. He tenido tiempo para rectificar y pensar en ti, reconociendo que no sólo los imbéciles se equivocan.

Conté tu historia en mi vida, a mi mejor amigo, y me compadece de lo que sufro incondicionalmente. Sé volver a ti cuando recordar se me vuelve milagros, y cuando mi madre escribe me cuenta algo de ti. Se me impulsan los latidos cardíacos al sentir una canción, cuando en nuestra intimidad ella, nos acompañaba.

Cuanto aprecio ahora tu libertad y tu nuevo amor, la envidia no la admitía hasta estos instantes. Soy el resultado de mí mismo desde mi nacimiento, y el hecho que hoy esté aquí es porque estaba así prescrito. Mi dormitorio se dibuja, me parece un campo amplio donde pasta a cada rato tus imágenes de antaño.

## 35- <u>ESTE POEMA ESTÁ BASADO EN MI VIDA</u>

Siempre jugué béisbol desde muy pequeño,
la infancia era una magia de mi empeño;
aprendía de un maestro y tres alumnos más,
sueños que ni la muerte me hará borrarlos jamás.

Recogí mucho de la naturaleza de mi hogar,
descubriendo de los frutos y de la tierra para cultivar;
con afición me desenvolvía muy precozmente,
desarrollando con lecturas el alba de la mente.

Caminar al tierno atardecer, ver el crepúsculo
era algo más fuerte que construir cada músculo;
la vida era fiel cuando para vivir, yo ya lo era así,
hombre cultivo, poético y con culturas de por ahí.

No se puede soñar si no hay ganas de verdad,
después que las tienes llegas contento a la realidad;
construyendo senderos me fui escapando,
con viajes y por el mundo trotando.

Aventuras de Don Juan, malos momentos,
todo lo bueno y los absurdos descontentos;
aunque pobre nací, como rico he actuado
y todos lo que se me han reído, yo los he burlado.

Si llegué a Europa y después a tierra dominicana,
no quiere decir que cambie mi sangre cubana;
y resumo que sigo siendo el que quiero ser,
y aunque alguien lo desee, soy difícil de vencer.

## 36- ¿DÓNDE ESTABAS CUANDO ESTABAS CONMIGO?

¿Dónde estabas cuando estabas conmigo?
Yo nunca sentí este gustillo a higo.

¿Qué porción tomaste para entrar al vacío?
¡Para desaparecerte del placer mío!

Cuantas veces te platicaba en el sofá,
y acaso creo, que me verías por allá.

Cada rosa que plantaba era para tu jardín,
mientras tú desconocías el propio fin.

¿Dónde estabas cuando estabas conmigo?
¿En qué cueva te refugiaste con tu ombligo?

Dime, si alguna vez te falté al amor
porque mientras tanto, no conozco ese sabor.

¿Qué hiciste al vender tu presencia?
Y dándome de propina, esta irrecuperable ausencia.

Ahora mira tu vida, tu rostro dañado,
perdiste el mejor tesoro que te habían dado.

Estás muerta, caíste en esa calle;
debajo de un auto, por un estúpido detalle.

¿Dónde estabas cuando estabas conmigo?
Porque si hubieses estado, tuvieras tu trigo.

Es casi tu muerte como la mía;
luego de tu entierro, ¿qué será de mi día?

Soy culpable de una causa involuntaria;
pero si hubiera estado, tal vez, no iría a la funeraria.

Siempre te quería en casa, en nuestro rincón,
para que naciera algo en el corazón.

No entiendo ¿para qué ahorraste tanto?
Para tener que pagar yo hoy, con todo este llanto.

¿Dónde estabas cuando estabas conmigo?
¿Por qué no me dijiste del punto que ahora persigo?

Escondiéndote hallaste el final de tu camino;
pero a mí me abandonaste sin destino.

Y si tu muerte fuera una buena solución
para olvidarte, sería igual una ilógica razón.

¿Dónde estabas cuando estabas conmigo?
¿En qué planeta recibirías este castigo?

O sería el yoga que practicabas;
así te desaparecías cuando me amabas.

En este momento, dejarme es un golpe duro;
me dejas viudo, con juventud destrozada e inseguro.

¿Dónde estabas cuando estabas conmigo?
¿Por qué no respondiste o me llevaste contigo?

## 37- <u>COMPONER AL VACÍO DE LA NOCHE</u>

Siempre caigo en la magia nocturna;
siempre que hay un pensamiento triste
o un recuerdo tan bello y romántico.

Llevo la inspiración habitada en la oscuridad,
la abalanzo con lo profundo de mi alma;
compongo que soy el pobre con hambre poética.

Las reflexiones son claras, más palpables
en el abrigo del manto estrellado;
sobre todo, cuando se manifiesta el amor.

Es un tema que no se agota en dulzura;
la noche es un nido para refugio de sueños;
cada cual asume un apasionado rocío de ella.

Por ejemplo, yo apunto mi sentimiento,
estoy pensando en mi Julieta inspirado;
siento que cada instante anochecido es más lindo.

Puedo seguir diciendo que la amo y la amo;
que la busco, aunque la tengo y me tiene,
pienso cómo perfumar los lirios por ella.

## 38- <u>POTREROS DE MIS SUEÑOS</u>

Cuando nací, era yerba mi ciudad,
mis primeros pasos fueron heridos por el zarzal.
Los potreros me enseñaron a jugar,
a batear piedrillas con palitos.
Yo era cazador de tojosas,
criador de pequeñas liebres.
Conocí al venado silvestre,
recogía la grama en mis zapatos.
Cultivé en mis potreros,
comía de ellos sus frutos.

Aunque sueño muchas veces
con este pasado ya visto;
vuelvo, vuelvo a recordar el bejuco,
los arrieros, los sinsontes, los mangos.
Recuerdo el pozo ciego y destapado;
donde las reses perecían en él.
en esos potreros me bañaba en sus cañadas,
me revolcaba en libertad y en guayabales.

Mis oídos nunca han olvidado
la melodía clásica de los tomeguines;
ni siquiera el ruido de los temporales.
Sueño con mis potreros porque son mis raíces
e imágenes de mi propia raíz.
Llevarme a ese océano de albacas
o retozar con los caballos era bello;
¡inolvidable vivir aquellos momentos!

Era un niño, un infante
desnudo ante la naturaleza.
Nadie me entendía, pero yo era feliz,
el modo de mis juegos era soñar.

Yo descubrí partes de aquellos ríos,
pichones que no sabían volar.
Mi vida era hermosa,
algo que hoy no puede consolarme.

Ese patio en el reverso de mi hogar
y el taladrar del carpintero en la palma;
muchas cosas como los montes
y las piedras rocosas de las lomas.

Era toda la estructura exacta
de un paraíso divino;
el sueño creado de flora y fauna,
de sentir una especie pura y sana.

Los potreros son mis sueños porque allí,
allí nací, crecí, viví largo tiempo…
Allí está aún mi casa, allí está mi familia,
allí estaré y moriré siempre;
allí morí cuando me fui.

## 39- <u>CARTA A UN PERDIDO AMOR</u>

Perdido Amor:

Desarrollando un poco el maduro pensamiento,
he logrado estas líneas leídas del Viejo Testamento.
Conspirar con una valija y largarse de allí,
eso no es motivo para nublarse de ti.

Pero, sin embargo, este galán destrozó la espada
por su desdicha y absurdo cuento de hada;
se envolvió en mitos y leyendas de un amor,
cuando la amada escapaba con un traidor.

No pudiera yo marchar a los cielos con despecho,
aunque hay más pecado en ti, que en mi pecho.
Mi espada atravesó el corazón traidor de hombre
que fingió amistad, fidelidad y dar su nombre.

Tú fuiste declarada culpable y yo a eterna condena,
porque muerte es la jaula, que a la piel envenena.
Y no broten lágrimas después de estas letras matronas
porque amarte como mujer, te hace que en nada razonas.

Pero para quererte hay un solo ser, dispuesto a ello;
no sé si fui yo, aunque te quise, pero aquello
quedó por fuerza al olvido, sólo refrescarte
que no te guardo rencor, aunque supe bien amarte.

Hoy me cobija el frío de una celda y tú no sé,
ya volviste a echar por el mundo que afuera dejé;
ignorando por ley de vida el tiempo que pasó,
claro, no puedes hacer nada. ¡El culpable soy yo!

## 40- <u>SABOR A MUJER</u>

No sólo el caramelo tiene buen sabor,
no sólo el arcoíris posee hermoso color.
Cuando pruebas la espuma de la mujer
sientes como hombre, fuerza en tu Ser.

Desabrochas botones, viajas a miles de millas,
conoces como hay cosas mejores que las pastillas.
Todo descanso va a los pechos de una mujer,
cada una de sus caricias te llenan de placer.

¿A quién no se le ocurriría construirla?
Y, ¿quién querría hoy de la vida abolirla?
Andar entre esas piernas de gustillo a juego,
nos complace tanto como en invierno el fuego.

Ser parte de una de sus ternuras y amor,
es vivir a plenitud de una mujer con su sabor.
Conquistar uno de los renglones en su libreta,
es ser escogido para una preciosa meta.

## 41- <u>PERLAS DE COSTURAS</u>

Sería vaga aquella vestimenta
humedecida a plena noche;
había rayos de tormenta,
era hermosa tenerla en mi coche.

Desparramamos adentro el vino
con salpicas del No interesa;
descosíamos el mismo camino
aborreciendo toda la presa.

Perlas eran sus costuras
cuando rompía su bello vestido;
yo la besaba sin ataduras
y el amor me hacía divertido.

El olor a sexo me colmó
como a ella mis toques calientes;
me dijo que conmigo sonó
deseos dulces y florecientes.

Nos creímos envueltos en seda,
locos fantásticos del corcel;
ella colorida en mí se queda
y yo la pinté con pincel.

## 42- <u>ÉRAMOS DOS ALMAS SOLAS</u>

Antes de venir te presentía en mi Ser. Aquellas noches me hicieron daños graves. Yo quería que vinieras. Te pedía a Dios. Nuestras almas sabían que estábamos solos. Te trajo la pasión. Sin ti, el frío europeo era un infierno. La soledad se me refugiaba en el alma. Muchas veces me sentí desilusionado nada más, por vivir a duras penas sin un amor. Un día como un rayito de sol llegaste, con un reflejo a mi mismo carácter. Éramos dos almas solas a la deriva, que no conocían el punto exacto del verbo calentar. Estábamos atrapados por fuegos de mercurio, desbancados de la prevención del destino. Por ti compré mi camarote en tierra. No dudé de burlarme de la serpiente y te invité a vivirme. Juntos hoy, hemos recorrido rutas azules, desesperado al consuelo e invitado la alegría. Desnudos dentro de selvas de terciopelos estamos, aún cuando éramos dos almas solas hasta que el amor nos unió…

## 43- <u>MI CUARTO ESTÁ SOLO</u>

Si los americanos necesitan de Apolo,
mi cuarto está solo,
porque le falta cosas
que no son las mariposas,
ni los rosales con jardines
pero son los cojines,
donde pueda yo descansar,
y no la tengo para amar.
No poseo ni televisor;
incluso, extraño un comedor.
A veces hasta yo mismo
desaparezco en bolas de un abismo.
Falto en el cuarto
y aunque está, me pone harto.
Me voy en mis pensamientos
en direcciones de los vientos.
Si me cuelo por una casa,
me bebo de té una taza,
y me fugo hasta la playa
y a cada mujer, le vuelo la toalla.
Qué importante me he convertido
para mi cuarto, el pobre tan perdido,
sin mi presencia en la cama.
Sabe que mi cuerpo aclama
la esperanza de ser libre,
porque conoce mi fuerte calibre
y a la media naranja que quiero,
diciéndome que mucho, me desespero.

## 44- <u>BESOS EN TUS MEJILLAS</u>

A veces te doy hasta besos furtivos
Intensamente,
adonde nadie me alcanza a ver…

Estoy pareciendo loco,
no podrán faltar informaciones
en este planeta para que no te recoja,
en su mismo noticiero.

Si un beso le negara
tu boca a mis mejillas,
yo te diría: «Lo siento
porque nunca olvidaría,
aquella despedida bajo la lluvia».

## 45- <u>DÉBIL ANTE SU DESEO</u>

La conocí, aunque no tan bien. Viajábamos en un camión una mañana temprana. La neblina aún cubría la carretera y muchos de los pasajeros dormían. Ella me daba conversación, me hablaba de su escuela, de la película del Titanic, de las actividades municipales y otras tonterías más…, que sé yo.

Se fue haciendo aquello cotidiano, despúes de aquella primera mañana. La chica de dieseis años se encimaba a mi anatomía en cada viaje madrugador que me tocaba; platicándome de cosas nuevas y con ganas de que le regalara poesías. En un principio la trataba de evadir, a pesar de que yo estaba divorciado y ella tenía un novio de dos años de relación, además, conocido mío.

Pero la rozadera diaria en nosotros hizo estragos; y el que: *"Yo te espero cuando termines"* o *"el vamos a tomarnos un helado que yo invito"*. Y una serie de cumplidos más, hicieron que llegara el momento de la invitación principal, *"¿quieres bañarte en el lago?"* La respuesta fue sin vacilación y afirmativa.

Yo, para entonces, había perdido hasta el respeto. Ya era muy difícil controlarse ante la belleza juvenil, de la sensual estudiante del bachillerato. Y una tarde, al regresarnos de la ciudad impía para nosotros, arribamos a nuestro pueblito de partida. Yo la esperé al fondo del bosque, donde empezaba el camino hacia los campos libres y las golondrinas entrecruzaban el cenit sin ningún pavor. Era rumbo al lago. Ella con cara de apenada y decidida, se me apareció con una blusa cortita y un short súper sexy.

Mis ojos eran aún más débiles que mi carne, y la notaba más deseosa que nunca, por estar a mi lado compartiendo mis instantes. Fue entonces que comenzamos el largo destino, con pasos lentos y entrecortados. Yo que era un poco mayor que ella, tenía fuerza solamente para decirle cómo te sientes, te gusta el lugar y boberías así…

A los cuarenta y cinco minutos estábamos frente al lago. Ella, toda sorprendida de no haber estado jamás en un sitio tan bello y tan cerca de su hogar. Me miró y me dio las gracias en el momento, que se despojaba de aquel material que le escondía su preciosa figura interior. Y no dudó ni un segundo y se quedó en traje de baño, invitándome a que la siguiera.

Aquel intervalo de mi existir me hizo un hombre completo… Al estar a su lado como el agua pegada a mi piel y envuelto en su cintura y su calor. A pesar de la frialdad del monte, me creció la estabilidad de creerme un ángel, de bajar y ser un submarino o anfibio.

La vida se me convirtió en color de rosas. Ella me desafió su deseo ante mi debilidad y me tomó sin palabras dichas. Sus toques amenazaban mi cuerpo y lo hacían suyo. Yo lloraba por dentro, mientras luchaba contra sus primeros ósculos. Me llegué a sentir como nunca. No reprochaba nada. No me sentía pecador. Decía que el sabor de sus labios me había hechizado.

Así la cargué amorosamente a la orilla del lago, haciéndola esta vez, completamente mía. Era un juego pasional, unas ganas que no se improvisaban. Era haciendo el amor con su deseo y el mío. La vida volvía aparecer como algo fantástico y divino.

www.ingramcontent.com/pod-product-compliance
Lightning Source LLC
Chambersburg PA
CBHW021345160726
47994CB00007B/2856